まちごとインド

South India 025 Thrissur

# トリシュール

ケーララと、
バラモン文化の「中心」

തൃശ്ശൂര്

Asia City Guide Production

## 【白地図】南インド

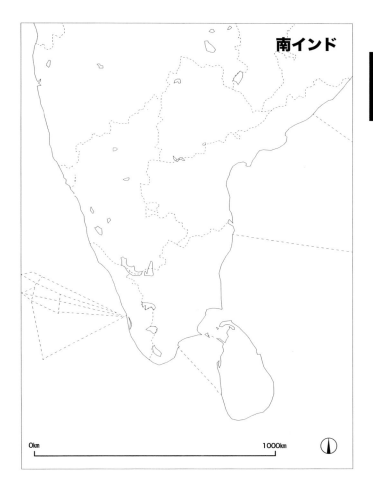

# 【白地図】ケーララ州

**INDIA**
南インド

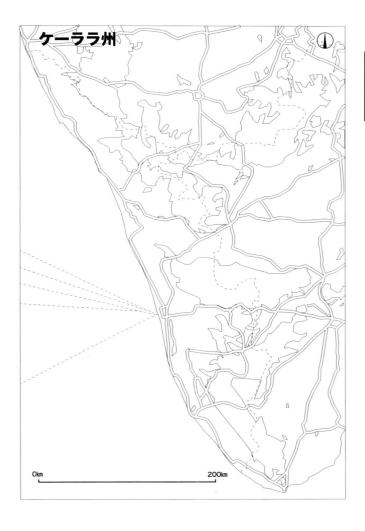

## 【白地図】コーチ〜トリシュール

INDIA
南インド

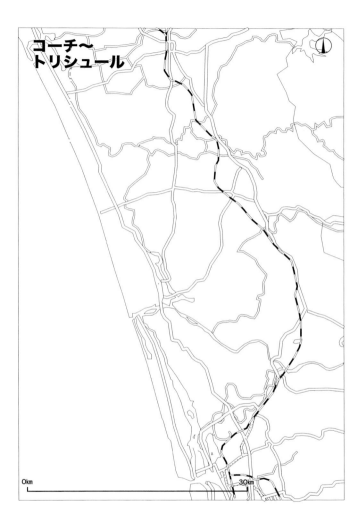

## 【白地図】トリシュール

INDIA
南インド

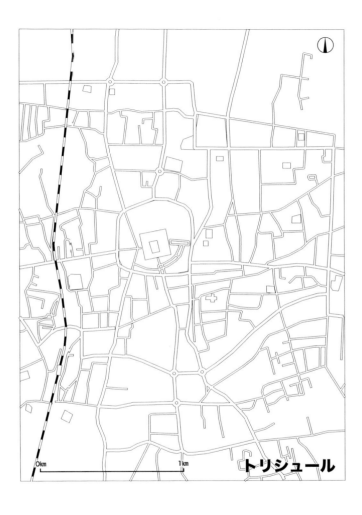

## 【白地図】ヴァダックンナータ寺院

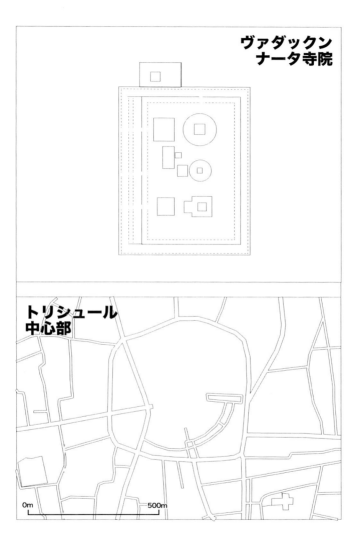

## 【白地図】トリシュール郊外

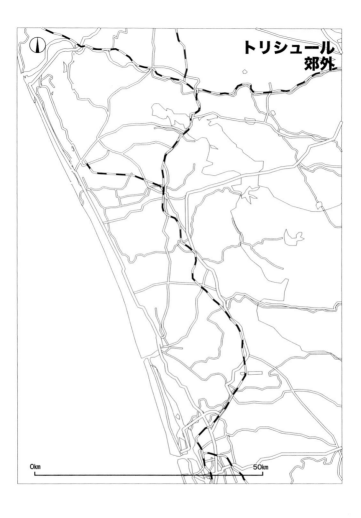

## 【白地図】コドゥンガルール

**INDIA**
南インド

# コドゥンガルール

Thrissur

白地図

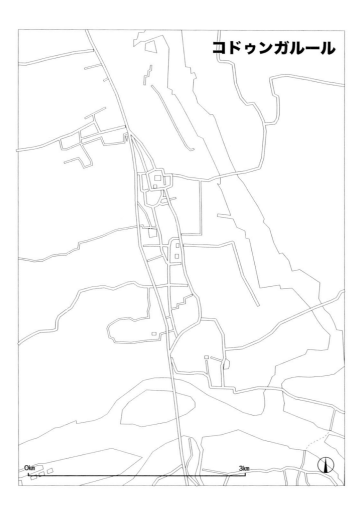

## 【白地図】コドゥンガルール中心部

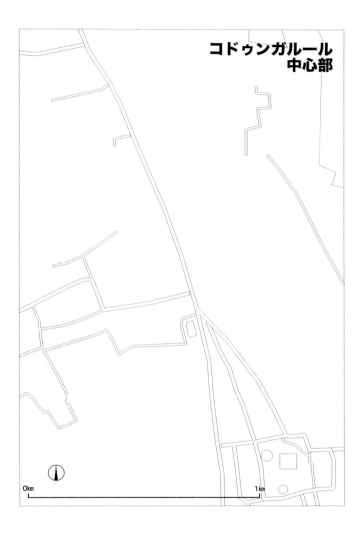

【まちごとインド】
南インド 021 はじめてのケーララ
南インド 022 ティルヴァナンタプラム
南インド 023 バックウォーター
　　　　　（コッラム～アラップーザ）
南インド 024 コーチ（コーチン）
**南インド 025 トリシュール**

INDIA
南インド

　アラビア海と西ガーツ山脈にはさまれた細長い地形をしたケーララ州のちょうど中心に位置するトリシュール。この街は古代チェーラ朝の時代（紀元前3～12世紀）からマラバール海岸と西ガーツ山脈、さらにはタミル地方へ続く要衝となってきた。

　トリシュールの正式名称をトゥリシヴァペールールと言い、「シヴァ神の守護する都」を意味する。街の中心に立つヴァダックンナータ寺院から放射状に街区が広がり、それはヒンドゥー教の宇宙観を示すのだという。

　こうしたところから、トリシュールにはバラモンたちによって伝えられてきた伝統儀礼や芸能など、厳格なサンスクリット文化が残っている。またコーチ藩王国のマハラジャの宮殿跡、各種の教育機関の拠点が見られ、ケーララを代表する文教都市として知られる。

# 【まちごとインド】
# 南インド 025 トリシュール

## 目次

トリシュール …………………………………………… xviii

ケーララの文化的古都 ………………………………… xxvi

トリシュール城市案内 ………………………………… xxxiv

郊外城市案内 …………………………………………… xliii

コドゥンガルール城市案内 …………………………… li

陸の孤島で伝わるもの ………………………………… lxi

**【MEMO】**

## 【地図】南インド

## 【地図】ケーララ州

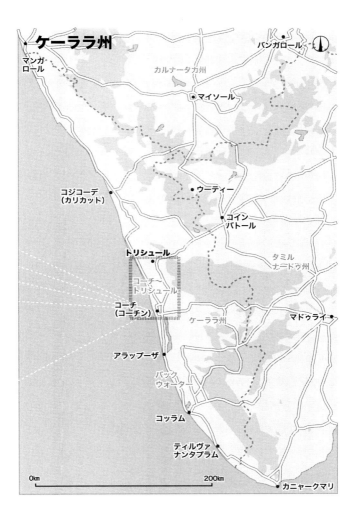

# ケーララ
# の文化的
# 古都

**INDIA**
南インド

ケーララ内陸部の街トリシュール
厳格なサンスクリット文化を伝える
ナンブディリ・バラモンが強い勢力をもってきた


### ケーララとトリシュールの地理

アラビア海と西ガーツ山脈が障壁となってインド中央部と隔離され、「陸の孤島」にたとえられてきたケーララ州。平均標高1000～2000m（最高2700m）で続く西ガーツ山脈にあって切れ込みを見せるのがパールガートで、そこがケーララとタミル地方を結ぶ道となってきた。トリシュールはパールガートとアラビア海を結ぶ横の軸、ケーララを南北に縦断する縦の軸が交わる地点に位置する（またカリカット、コーチなどの港がこの横軸近くに位置する）。ケーララ州は東西80～150kmほどの幅しかないことから、アラビア海からそう遠

▲左 厳格なヒンドゥー教が伝えられている。 ▲右 トリシュールの中心に立つヴァダックンナータ寺院

くないトリシュールも内陸の街と紹介される。

## 色濃く残るバラモン文化

ケーララには他のインドでは見られなくなったサンスクリット文化が残り、ナンブディリ・バラモンがその担い手となってきた。ナンブディリ・バラモンはグプタ朝崩壊以後の8世紀ごろまでにケーララに移住し、王国に準ずる広大な土地を所有していた（インド最大の宗教家シャンカラもケーララのナンブディリ・バラモンを出自とする）。12〜18世紀のケーララでは強い統一王権が現れなかったことから、ナンブディ

**INDIA**
南インド

リ・バラモンは王権を超えるほどの地位をもち、とくにトリシュールはその影響が強い場所だった。

### トリシュールのかんたんな歴史

トリシュールは古代タミルのサンガム文学（1～3世紀）にも詠われているチェーラ朝時代から街が持続している。12世紀にチェーラ朝が滅ぶとケーララは各地の地方領主がならび立ち、トリシュールも地方領主の都となっていた（カリカット王、コーチン王、コッラム王などが代表的だった）。16世紀以後、ポルトガル、オランダなどヨーロッパ勢力の影響を

▲左　ケーララのマラヤーラム語は丸みがある。　▲右　優雅な笑みをたたえる壁画

受け、やがて18世紀以後はイギリスの勢力下に入った。イギリスは地元領主を通じた間接統治を行ない、トリシュールにはコーチン藩王の宮殿がおかれていた。このコーチン藩王国、トラヴァンコール藩王国とイギリスのマドラス管区の一部が統合され、1956年、ケーララ州が生まれた。

## 【地図】コーチ～トリシュール

### 【地図】コーチ～トリシュールの [★★☆]
- [ ] コドゥンガルール Kodungallur

### 【地図】コーチ～トリシュールの [★☆☆]
- [ ] カーラディ Kalady

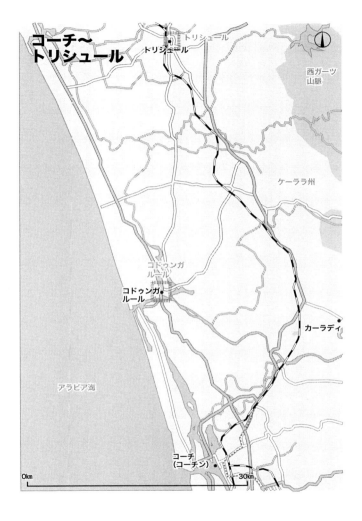

## 【地図】トリシュール

### 【地図】トリシュールの ［★★☆］
- [ ] ヴァダックンナータ寺院 Vadakkumnathan Temple
- [ ] サクタン・タムプラン宮殿 Sakthan Thampuran Palace
- [ ] ティルヴァンバディ寺院 Thiruvambadi Temple

### 【地図】トリシュールの ［★☆☆］
- [ ] パラメッカブ・バガヴァティー寺院 Paramekkavu Bagavathi Temple
- [ ] プッタンパッリ Our Lady Of Dolours Basilica
- [ ] 博物館と動物園 Museum and Zoo
- [ ] 考古学博物館 Archeological Museum

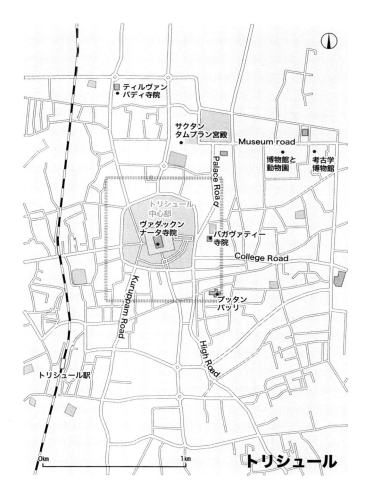

# Guide, Thrissur
# トリシュール城市案内

**INDIA**
南インド

ヴァダックンナータ寺院を中心に
広がるトリシュール市街
祭りや儀礼が息づく古都

### ヴァダックンナータ寺院
### Vadakkumnathan Temple [★★☆]

ヴァダックンナータ寺院は、ケーララ有数の伝統をもつシヴァ寺院。ケーララ様式の木造建築で、12世紀に建てられたあと、何度も改修されている（ケーララ開闢神話にまつわるパラシュラーマが創建したとも、古代、仏教寺院があったとも伝えられる）。ケーララ独特の円形祠堂が立ち、木彫りの彫刻がほどこされているが、異教徒はなかに入ることはできない。周囲は広場となっていて、春には象とかさで彩られたプーラムの祭りが行なわれる。

▲左 リキシャに乗って街を探索してみよう。　▲右 トリシュールのシンボル、パラメッカブ・バガヴァティー寺院

## パラメッカブ・バガヴァティー寺院
Paramekkavu Bagavathi Temple ［★☆☆］

市街中心の円形街区に面して立つパラメッカブ・バガヴァティー寺院。天然痘をつかさどるケーララ土着の女神がまつられている。この女神はケーララ各地の村落でも見られ、地元の人々の信仰を集めている。

## サクタン・タムプラン宮殿
Sakthan Thampuran Palace ［★★☆］

トリシュールにはかつてコーチン藩王国の都がおかれ、サク

INDIA
南インド

▲左 トリシュールの街並み、リキシャが重宝する。　▲右 マハラジャが過ごしたサクタン・タムプラン宮殿

タン・タムプラン宮殿は王族が起居する場だった。サクタン・タムプランとはコーチン藩王の名称で、この王族は12世紀以前の古代チェーラ朝につながる系譜をもつという。現在の建物は1795年に再建され、ケーララとオランダの様式があわさったものとなっている（コーチン藩王国はオランダやイギリスの政治的影響を受けていた）。

### プッタンパッリ Our Lady Of Dolours Basilica [★☆☆]
プッタンパッリはインド最大規模のローマ・カトリック教会。白亜のゴシック様式となっていて、高さ80mの尖塔をもつ。

## 【MEMO】

## 【地図】ヴァダックンナータ寺院

## 【地図】ヴァダックンナータ寺院の [★★☆]
- [ ] ヴァダックンナータ寺院 Vadakkumnathan Temple

# ヴァダックン
# ナータ寺院

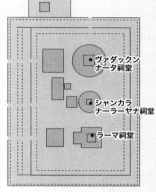

- ヴァダックンナータ祠堂
- シャンカラナーラーヤナ祠堂
- ラーマ祠堂

# トリシュール
# 中心部

Swaraj Round / College Road / ヴァダックンナータ寺院 / ブッタンパッリ / 0m 500m

Thrissur トリシュール城市案内

**INDIA**
南インド

トリシュールのキリスト教の歴史は18世紀末、マハラジャのサクタン・タムプランが街の経済を活性化させるため、シリア派キリスト教徒を移住させたことにはじまる。その後の1814年、この地にローマ・カトリック教会が建てられ、改修、再建をへて現在にいたる。

**ティルヴァンバディ寺院 Thiruvambadi Temple［★★☆］**
市街中心部北に立つティルヴァンバディ寺院。ヴァダックンナータ寺院がシヴァ派なのに対して、この寺院はヴィシュヌ派のものでクリシュナ神をまつる。春のプーラムの祭りでは

▲左　ティルヴァンバディ寺院、土着の信仰も垣間見られる。　▲右　白亜のキリスト教会プッタンパッリ

こちらの寺院でも盛りあがりを見せる。

### 博物館と動物園 Museum and Zoo [★☆☆]

象や猿などの動物が飼育されているトリシュール動物園。同じ敷地内には博物館があり、この地方の民俗を紹介する展示が見られる。

### 考古学博物館 Archeological Museum [★☆☆]

動物園に隣接する考古学博物館。庭先には南インド全域で見られた巨石文化の傘石がおかれている。

# Guide,
# Around Thrissur
# 郊外
# 城市案内

巡礼者の絶えないクリシュナ寺院が立つグルヴァユール
シャンカラ生誕の地カーラディ
トリシュール郊外に足を運ぶ

### ペルヴァナム Peruvanam ［★☆☆］

トリシュールの南10kmのペルヴァナムには12世紀に建てられたシヴァ寺院が残っている。三層からなる木造切妻屋根をもち、高さは12mになる。

### グルヴァユール Guruvayur ［★★☆］

インド中から巡礼者が訪れるクリシュナ寺院が立つグルヴァユール。幼児の姿をしたクリシュナ神がまつられ、16世紀の創建以来、カリカット王ザモリンの庇護を受けてきた。とくに17世紀、マーナヴェーダ王が記し、この寺院で演じら

▲左　クリシュナ神と愛人ラーダー。　▲右　寺院の門の上部にほどこされた意匠

れる舞踏劇『クリシュナーッタム(ギータゴーヴィンダの改作)』が知られる(ケーララ伝統の武術や踊りがもとにされた)。トリシュールから20km。

### 寺院入場問題

厳格なヒンドゥー文化の残るケーララでは、20世紀なかごろまで身分の低い人々の寺院入場や、寺院近くでの買いものが許されていなかった(古く、仏教の信仰を捨てなかった人々がヒンドゥー体系の下に位置づけられたという)。20世紀初頭、イギリスへの権利獲得運動、独立運動が高まるなか、ケー

**【MEMO】**

## 【地図】トリシュール郊外の [★★☆]
- [ ] グルヴァユール Guruvayur
- [ ] コドゥンガルール Kodungallur

## 【地図】トリシュール郊外の [★☆☆]
- [ ] ペルヴァナム Peruvanam
- [ ] アティラムパリー Athirampally
- [ ] カーラディ Kalady

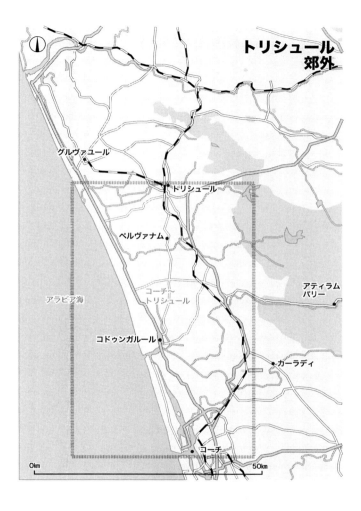

ララでは1931～32年にグルヴァユールとヴァイコムの寺院で、「不可触民に入場を認めさせる」ための運動が展開された。この運動は成功しなかったが、しばらくしてすべての人に寺院が開放されるようになった。

### アティラムパリー Athirampally ［★☆☆］
トリシュールから60km離れたアティラムパリーには豊かな自然が広がる。あたりは希少動物が生息するほか、落差25mの巨大な滝が見られる。

▲左　サリーやパンジャービー・ドレス姿の女性が見える。　▲右　ケーララ州で話されているマラヤーラム語

## カーラディ Kalady ［★☆☆］

ペリヤール川の岸辺に位置するカーラディは、インド最高の宗教者にあげられるシャンカラが生まれた場所だとされる。南インドは6～7世紀ごろからサンスクリット文化の影響を受け、8世紀ごろ、シャンカラはナンブディリ・バラモンの家に生まれた。シャンカラの登場で当時、盛んだった仏教をヒンドゥー教が圧倒するようになったという（シャンカラは仏教にならって、各地に僧院を建立した）。

# Guide, Kodungallur
# コドゥンガルール城市案内

季節風に乗った船乗りが最初に到達する港
それがコドゥンガルールだった
古いモスク、教会が残る古都

**コドゥンガルール Kodungallur ［★★☆］**

ペリヤール川河口部に開けたコドゥンガルールは、かつてムージリスと呼ばれた古都で、インドの海の玄関口となっていた。1世紀ごろ、ユダヤ人や布教に訪れた聖トーマスが足あとを残したと言われ、この街にはアラブ人やペルシャ人による居留区もあったという。800〜1102年ごろにかけてチェーラ朝の都がおかれるなど、ケーララ有数の歴史をもっていたが、やがてペリヤール川の堆積で港機能が低下し、カリカットや南30kmのコーチへ繁栄は移っていった。

## 【地図】コドゥンガルール

### 【地図】コドゥンガルールの [★★☆]
- [ ] コドゥンガルール Kodungallur
- [ ] 聖トーマス教会 St.Thomas Church
- [ ] チェラマン・モスク Cheraman Juma Masjid

### 【地図】コドゥンガルールの [★☆☆]
- [ ] クランバ・バガヴァティ寺院 Bhagavathy Temple

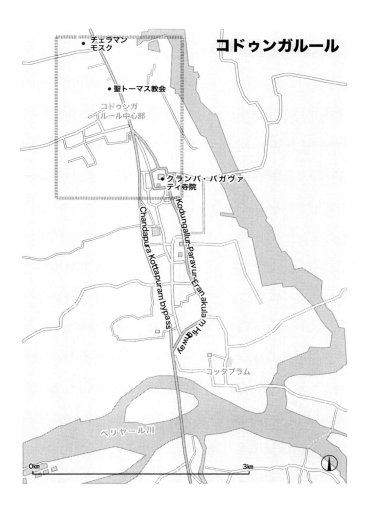

## 【地図】コドゥンガルール中心部

### 【地図】コドゥンガルール中心部の ［★★☆］
- [ ] コドゥンガルール Kodungallur
- [ ] 聖トーマス教会 St.Thomas Church
- [ ] チェラマン・モスク Cheraman Juma Masjid

### 【地図】コドゥンガルール中心部の ［★☆☆］
- [ ] クランバ・バガヴァティ寺院 Bhagavathy Temple

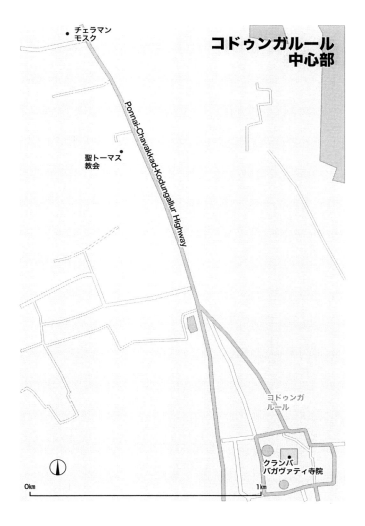

**INDIA**
南インド

### ヒッパロスの風

インド洋に吹くモンスーンを「ヒッパロスの風」と呼び、春夏の南西モンスーンと秋冬の北東モンスーンを利用した海上交易が行なわれてきた（古く船は陸地沿いを進んだが、モンスーンの「発見」でアラビア海の横断が可能になった）。1世紀ごろのローマの地理書『エリュトゥラー海案内記』に、ムージリスと紹介されたコドゥンガルールは胡椒の積出港として大変なにぎわいを見せていたという。肉食のヨーロッパ人にとって味つけや保存用に重宝する胡椒は、黄金に匹敵するほど貴重なものだった。

▲左 イスラム教は成立してすぐにケーララに伝わった。　▲右 紀元前後からモンスーンを使った海上交易がさかんだった

## 聖トーマス教会 St.Thomas Church ［★★☆］

キリスト十二使徒のひとり聖トーマスが建立した教会にはじまるという聖トーマス教会。聖トーマスはくじびきで南インドの布教にあたり、50年ごろ、コドゥンガルールに到着した。この教会はインドでもっとも由緒正しいキリスト教会にあげられ、聖トーマスの遺骨が安置されている。

## INDIA
南インド

### クランバ・バガヴァティ寺院 Bhagavathy Temple [★☆☆]
クランバ・バガヴァティ寺院はこの地方の女神がまつられたヒンドゥー寺院。にわとりを供犠にするなど、正統ヒンドゥー文化が伝来する以前の土着文化が残っている。

### チェラマン・モスク Cheraman Juma Masjid [★★☆]
チェラマン・モスクは629年に創建されたインド最古のモスク。アラビア海を往来するアラビア人やペルシャ人がコドゥンガルールに居留区をつくり、南インドの港町にはごく自然にイスラム教が浸透することになった。

**【MEMO】**

# 陸の孤島で伝わるもの

他のインドでは消えてしまった儀礼や伝統
トリシュールにも伝えられるクーティヤーッタムは
世界無形文化遺産に指定されている

### ケーララの伝統芸能

ケーララ地方の由緒正しい寺院には、クータンバラムという舞台が備えられ、そこでは神のためにクーティヤーッタムという踊りが捧げられてきた。このサンスクリット舞踊は1000年に渡ってケーララのナンブディリ・バラモンによって受け継がれてきたもので、世界無形文化遺産にも指定されている（陸の孤島であるケーララはインド中央部の影響を受けることが少なく、古い伝統が残った）。サンスクリット劇や音楽、舞踏、影絵芝居など、トリシュールは伝統芸能の本場で、教育機関や研究機関が集中している。

**INDIA**
南インド

### 「トマの子」シリア教会

ケーララ州の人口の20％をキリスト教徒がしめ、1世紀ごろ、キリスト十二使徒のひとり聖トーマスがこの地で布教したという伝説も残っている。実際、4世紀にシリアからキリスト教徒が南インドに移住するなど、インド洋交易に従事する人々によってケーララにキリスト教が伝わった。これらの人々の子孫は「トマの子」と呼ばれ、ケーララの言葉や文化、生活様式に順応しながら、古い時代の信仰を守ってきた。15世紀以後、ローマ・カトリックのイエズス会が進出し、「トマの子が異端である」と弾圧されることもあったが、1984年、

▲左 ケーララ名物のカタカリ・ダンス。　▲右 ケーララはキリスト教徒の比率が高い

Thrissur　陸の孤島で伝わるもの

ローマ法王ヨハネ・パウロ2世がケーララを訪れ、シリア派の総大司教マルトマ1世と抱きあって和解した。

### 中世ケーララの地方領主

ケーララ地方は大きく北のマラバール地方、中央のコーチン、南のトラヴァンコール地方にわけられる。ケーララでは中世（12〜18世紀）のあいだ、大きな統一政権が現れず、各地方領主が割拠する状況が続いていた。このなかでもっとも力をもっていたのがカリカット王のザモリンで、1498年、ヴァスコ・ダ・ガマはこの王のいるカリカットへ到着している。

INDIA
南インド

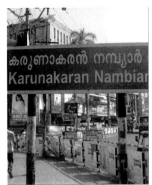

▲左　マラヤーラム語と英語で併記された交通案内。　▲右　共産党の力が強いのもケーララ州の特徴

カリカット、コーチ、トラヴァンコールなど各地の王の対立状態が続き、これらの国々では儀礼や「野菜の切りかた」まで異なる方法をとったという。近世、この地方領主の対立を利用してポルトガルやオランダは勢力を広げた。

## Thrissur

陸の孤島で伝わるもの

**参考文献**
___

『世界歴史の旅南インド』(辛島昇 / 山川出版社)

『南アジア史3』(辛島昇編 / 山川出版社)

『インド建築案内』(神谷武夫 /TOTO 出版)

『カタカリ万華鏡』(河野亮仙 / 平河出版社)

『ケーララ社会とブラーフマン』(小林勝 / 民族學研究)

『ナンブーディリ・バラモンのカースト改革運動を考える』(粟屋利江 / 東洋文化研究所紀要)

『英領マラバールにおける母系制の変革の動き』(粟屋利江 / 東方学)

『世界大百科事典』(平凡社)

# まちごとパブリッシングの旅行ガイド

Machigoto INDIA , Machigoto ASIA , Machigoto CHINA

## 【北インド - まちごとインド】

001 はじめての北インド
002 はじめてのデリー
003 オールド・デリー
004 ニュー・デリー
005 南デリー
012 アーグラ
013 ファテープル・シークリー
014 バラナシ
015 サールナート
022 カージュラホ
032 アムリトサル

## 【西インド - まちごとインド】

001 はじめてのラジャスタン
002 ジャイプル
003 ジョードプル
004 ジャイサルメール
005 ウダイプル
006 アジメール(プシュカル)
007 ビカネール
008 シェカワティ
011 はじめてのマハラシュトラ
012 ムンバイ
013 プネー
014 アウランガバード
015 エローラ
016 アジャンタ
021 はじめてのグジャラート
022 アーメダバード
023 ヴァドダラー(チャンパネール)
024 ブジ(カッチ地方)

## 【東インド - まちごとインド】

002 コルカタ
012 ブッダガヤ

## 【南インド - まちごとインド】

001 はじめてのタミルナードゥ
002 チェンナイ
003 カーンチプラム
004 マハーバリプラム
005 タンジャヴール
006 クンバコナムとカーヴェリー・デルタ
007 ティルチラパッリ
008 マドゥライ
009 ラーメシュワラム
010 カニャークマリ
021 はじめてのケーララ
022 ティルヴァナンタプラム
023 バックウォーター(コッラム〜アラップーザ)
024 コーチ(コーチン)
025 トリシュール

## 【ネパール - まちごとアジア】

001 はじめてのカトマンズ
002 カトマンズ
003 スワヤンブナート

004 パタン
005 バクタプル
006 ポカラ
007 ルンビニ
008 チトワン国立公園

### 【バングラデシュ - まちごとアジア】

001 はじめてのバングラデシュ
002 ダッカ
003 バゲルハット（クルナ）
004 シュンドルボン
005 プティア
006 モハスタン（ボグラ）
007 パハルプール

### 【パキスタン - まちごとアジア】

002 フンザ
003 ギルギット（KKH）
004 ラホール
005 ハラッパ
006 ムルタン

### 【イラン - まちごとアジア】

001 はじめてのイラン
002 テヘラン
003 イスファハン
004 シーラーズ
005 ペルセポリス
006 パサルガダエ（ナグシェ・ロスタム）
007 ヤズド
008 チョガ・ザンビル（アフヴァーズ）
009 タブリーズ
010 アルダビール

### 【北京 - まちごとチャイナ】

001 はじめての北京
002 故宮（天安門広場）
003 胡同と旧皇城
004 天壇と旧崇文区
005 瑠璃廠と旧宣武区
006 王府井と市街東部
007 北京動物園と市街西部
008 頤和園と西山
009 盧溝橋と周口店
010 万里の長城と明十三陵

### 【天津 - まちごとチャイナ】

001 はじめての天津
002 天津市街
003 浜海新区と市街南部
004 薊県と清東陵

### 【上海 - まちごとチャイナ】

001 はじめての上海
002 浦東新区
003 外灘と南京東路
004 淮海路と市街西部
005 虹口と市街北部
006 上海郊外（龍華・七宝・松江・嘉定）
007 水郷地帯（朱家角・周荘・同里・甪直）

## 【河北省 - まちごとチャイナ】

001 はじめての河北省
002 石家荘
003 秦皇島
004 承徳
005 張家口
006 保定
007 邯鄲

## 【江蘇省 - まちごとチャイナ】

001 はじめての江蘇省
002 はじめての蘇州
003 蘇州旧城
004 蘇州郊外と開発区
005 無錫
006 揚州
007 鎮江
008 はじめての南京
009 南京旧城
010 南京紫金山と下関
011 雨花台と南京郊外・開発区
012 徐州

## 【浙江省 - まちごとチャイナ】

001 はじめての浙江省
002 はじめての杭州
003 西湖と山林杭州
004 杭州旧城と開発区
005 紹興
006 はじめての寧波
007 寧波旧城
008 寧波郊外と開発区
009 普陀山
010 天台山
011 温州

## 【福建省 - まちごとチャイナ】

001 はじめての福建省
002 はじめての福州
003 福州旧城
004 福州郊外と開発区
005 武夷山
006 泉州
007 厦門
008 客家土楼

## 【広東省 - まちごとチャイナ】

001 はじめての広東省
002 はじめての広州
003 広州古城
004 天河と広州郊外
005 深圳（深セン）
006 東莞
007 開平（江門）
008 韶関
009 はじめての潮汕
010 潮州
011 汕頭

## 【遼寧省 - まちごとチャイナ】

001 はじめての遼寧省
002 はじめての大連
003 大連市街
004 旅順
005 金州新区

006 はじめての瀋陽
007 瀋陽故宮と旧市街
008 瀋陽駅と市街地
009 北陵と瀋陽郊外
010 撫順

## 【重慶 - まちごとチャイナ】

001 はじめての重慶
002 重慶市街
003 三峡下り（重慶〜宜昌）
004 大足

## 【香港 - まちごとチャイナ】

001 はじめての香港
002 中環と香港島北岸
003 上環と香港島南岸
004 尖沙咀と九龍市街
005 九龍城と九龍郊外
006 新界
007 ランタオ島と島嶼部

## 【マカオ - まちごとチャイナ】

001 はじめてのマカオ
002 セナド広場とマカオ中心部
003 媽閣廟とマカオ半島南部
004 東望洋山とマカオ半島北部
005 新口岸とタイパ・コロアン

## 【Juo-Mujin（電子書籍のみ）】

Juo-Mujin 香港縦横無尽
Juo-Mujin 北京縦横無尽
Juo-Mujin 上海縦横無尽

## 【自力旅游中国 Tabisuru CHINA】

001 バスに揺られて「自力で長城」
002 バスに揺られて「自力で石家荘」
003 バスに揺られて「自力で承徳」
004 船に揺られて「自力で普陀山」
005 バスに揺られて「自力で天台山」
006 バスに揺られて「自力で秦皇島」
007 バスに揺られて「自力で張家口」
008 バスに揺られて「自力で邯鄲」
009 バスに揺られて「自力で保定」
010 バスに揺られて「自力で清東陵」
011 バスに揺られて「自力で潮州」
012 バスに揺られて「自力で汕頭」
013 バスに揺られて「自力で温州」

【車輪はつばさ】
南インドのアイラヴァテシュワラ寺院には建築本体に車輪がついていて寺院に乗った神さまが人びとの想いを運ぶと言います。

- 本書はオンデマンド印刷で作成されています。
- 本書の内容に関するご意見、お問い合わせは、発行元の
  まちごとパブリッシング info@machigotopub.com までお願いします。

まちごとインド
## 南インド025トリシュール
～ケーララと、バラモン文化の「中心」［モノクロノートブック版］

2017年11月14日　発行

| | |
|---|---|
| 著　者 | 「アジア城市（まち）案内」制作委員会 |
| 発行者 | 赤松　耕次 |
| 発行所 | まちごとパブリッシング株式会社<br>〒181-0013　東京都三鷹市下連雀4-4-36<br>URL http://www.machigotopub.com/ |
| 発売元 | 株式会社デジタルパブリッシングサービス<br>〒162-0812　東京都新宿区西五軒町11-13<br>清水ビル3F |
| 印刷・製本 | 株式会社デジタルパブリッシングサービス<br>URL http://www.d-pub.co.jp/ |

MP046

ISBN978-4-86143-180-7 C0326　　　Printed in Japan
本書の無断複製複写（コピー）は、著作権法上での例外を除き、禁じられています。